Marketingplanung eines Damenfitnessstudios in Freiburg. Budget- und Kostenkalkulation

Madeleine Diesing

Bibliografische Information der Deutschen Nationalbibliothek:

Die Deutsche Nationalbibliothek verzeichnet diese Publikation in der Deutschen Nationalbibliografie; detaillierte bibliografische Daten sind im Internet über http://dnb.d-nb.de abrufbar.

ISBN: 9783346270603
Dieses Buch ist auch als E-Book erhältlich.

Druck und Bindung: Books on Demand GmbH, Norderstedt Germany
Gedruckt auf säurefreiem Papier aus verantwortungsvollen Quellen

Das vorliegende Werk wurde sorgfältig erarbeitet. Dennoch übernehmen Autoren und Verlag für die Richtigkeit von Angaben, Hinweisen, Links und Ratschlägen sowie eventuelle Druckfehler keine Haftung.

Das Buch bei GRIN: https://www.grin.com/document/940683

Deutsche Hochschule für
Prävention und Gesundheitsmanagement
Hermann Neuberger Sportschule 3
66123 Saarbrücken

Hausarbeit (kollektive Prüfungsleistung)

Name, Vorname	Diesing, Madeleine
Studiengang	Gesundheitsmanagement
Gruppe bzw. zu bearbei-tende Stadt	Freiburg
Unternehmenstyp*	**Damenfitness-Studio**

* abhängig von Aufgabenstellung: jeweils den zu bearbeitenden „Unternehmenstyp" eintragen

Inhaltsverzeichnis

1   Marktbeschreibung/ -analyse

1.1   Allgemeine Information über den Unternehmenstyp

Tabelle 1: Merkmale der Zielgruppe (eigene Darstellung)

Merkmale:	
Geografische	Wohnhaft oder beschäftigt in Freiburg Lehen, Landwasser, Mooswald, Betzenhausen, Weingarten
Demografische	Junge Frauen, Frauen, Mütter, mind. 16 Jahre, durchschnittliches Einkommen
Psychografische	Interesse an Frauen bezogenen Kursen, möchte isoliert von Männern trainieren
Verhaltensbezo-gene	Gesundheitsbewusst, Sport gehört zum Alltag, Spaß sich sportlich zu betätigen alleine oder in der Gruppe

Positionierung: Die Positionierung am Markt soll nicht einfach nur ein Damenfitness-Studio sein, sondern auch ein Treffpunkt außerhalb des Alltags. Durch die große Angebotsvielfalt sollen Jugendliche, Frauen und vor allem auch Mütter vom Alltag abschalten und sich in der Zeit, während sie im Studio sind, nur um ihren Körper und ihr Wohlbefinden kümmern. Durch die Ermäßigung, können auch eher Einkommensschwächer Kundinnen, dieses Angebot nutzen.

Tabelle 2: Produkt-, Preis- und Distributionspolitik (eigene Darstellung)

Produktpolitik	Preispolitik	Distributionspolitik
- Großer Cardiobereich mit Crosstrainern, Laufbändern, Fahrrädern, Rudergeräten und Treppensteiger - Große Auswahl an Fitnesskursen (vor allem auch für Mütter) - Kraft-Ausdauer-Zirkel - Fitnessgeräte - Erstellung von indiviudellen Trainingsplänen + Rechecks - Aktive Betreung auf der Trainingsfläche durch Fitnesstrainer -Körperzusammensetzungsanalyse	- Aufnahme- & Servicegebühr: **30€ (einmalig)** - Monatlich kündbar: **55€/ Monat** - Jahresabo: **50€/Monat** - Zweijahresabo: **45€/Monat** • Zusatzkosten für Solarium, Thekengetränke und Ernährungsberatung • 10% Ermäßigung auf den Monatsbeitrag für Schülerinnen, Studentinnen und	Mitgliedsabschluss ist während es Aktionszeitraum auch über das Internet machbar sonst ist dieses nur im Studio möglich. Alle angeboten Leistungen finden Vorort statt. Es gibt genug Platz, für die unterschiedlichen Kurse.

- Dehnungs/Bewegungs-park - Sauna - Ernährungsberatung - Solarium - Getränketheke mit Heiß-getränken & Eiweißshakes - Kinderbetreuung	Auszubildeninnen bis zum 25. Lebensjahr	

1.2 Lage und Standort des Unternehmens

Das Damenfitness-Studio befindet sich im Stadtteil Betzenhausen in der Sundgauallee 65, 79114 Freiburg im Breisgau. Neben ausreichend Parkmöglichkeiten vor und in unmittelbar Nähe des Studios, ist die nächste Straßenbahnhaltstelle nur 190 Meter entfernt und zu Fuß in nur zwei Minuten zuerreichen. Somit können auch die Kundinnen ohne Fahrzeug schnell das Studio erreichen.

Die Sundgauallee führt als Hauptverkehrsstraße durch den Stadtteil Betzenhausen und verbindet ihn außerdem mit dem Stadtteil Lehen, somit werden zahlreiche potenzielle Kundinnen täglich auf das Studio aufmerksam. Außerdem liegen in der Umgebung vor allem frauenspezifische Geschäfte, wie zum Beispiel Friseur, Nagel- und Kosmetikstudio, Schuhgeschäft und auch ein Kindergarten. Desweitern gibt es im Marktgebiet 1 (s.u.) wenige Mitbewerber, ein reines Damenstudio ist gar nicht vorhanden.

1.3 Bestimmung von zwei Marktgebieten

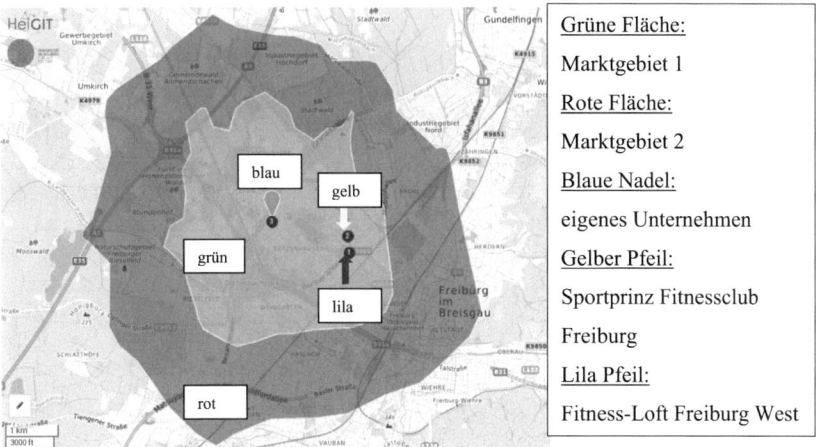

Grüne Fläche:
Marktgebiet 1
Rote Fläche:
Marktgebiet 2
Blaue Nadel:
eigenes Unternehmen
Gelber Pfeil:
Sportprinz Fitnessclub
Freiburg
Lila Pfeil:
Fitness-Loft Freiburg West

Abbildung 1: Abbildung der Marktgebiete (Openroute Service, 2019)

1.4 Makroumfeldanalyse und Abschätzung des Marktpotenzials

Die Stadt Freiburg hat eine Kaufkraft von 23.249€ pro Kopf somit liegt der Kaufkraftindex bei 96,9 (MB Research, 2019).

Die Arbeitslosenquote lag im September 2019 bei 5,0%, demnach liegt sie mit nur 0,1% über den aktuellen Bundesdurchschnitt (Bundesagentur für Arbeit, 2019).

Tabelle 3: Alterverteilung (Freiburg im Breisgau, Bevölkerungsstruktur, 2019)

Altersgruppe	Einwohner
Unter 6 Jahre	6,0 %
6 bis unter 15 Jahre	7,6 %
15 bis unter 18 Jahre	2,5 %
18 bis unter 25 Jahre	11,9 %
25 bis unter 45 Jahre	31,0 %
45 bis unter 60 Jahre	19,2 %
60 bis unter 75 Jahre	13,1 %
75 Jahre und älter	8,9 %

Die Altersverteilung ist für ein Damenfitness-Studio nicht besonders relevant, da fast alle Altersgruppen angesprochen werden. Selbst die Altersgruppe unter 6 Jahren ist zu berücksichtigen, da die Mütter dieser Kinder aufgrund der angebotenen Kinderbetreuung als potenzielle Kundinnen angesehen werden können.

Tabelle 4: Einwohnerzahlen der Marktgebiete (Freiburg im Breisgau, Wohnbevölkerung nach Stadtbezirken, 2017)

Marktgebiet 1			Marktgebiet 2		
Stadtteil	Anteil in %	Einwohnerzahl	Stadtteil	Anteil in %	Einwohnerzahl
Lehen	100	2483	Brühl	100	10419
Landwasser	90	6447	Rieselfeld	20	1995
Mooswald	100	9271	Landwasser	10	717
Betzenhausen	100	14529	Stühlinger	10	1573
Weingarten	90	9999	Haslach Gartenstadt	100	8011
Sankt Georgen	10	1223	Haslach E-gerten	100	7096
Reiselfeld	80	7978	Haslach Schildacker	100	940

Stühlinger	60	9435	Haslach Haid	100	3853
			Sankt Georgen	60	7339
			Freiburg Altstadt	100	3897
			Herden	20	2445
			Neuburg	40	1885
			Umkirch	20	1162
			Hochdorf	25	1348
			Unter-wiehre-Nord	100	5145
			Unter-wiehre-Süd	20	1635
			Weingarten	10	1111
			Brühl In-dustriegebiet	30	503
Einwohner Marktgebiet 1: 61365			Einwohner Marktgebiet 2: 61074		

Da es sich um ein Damenfitness-Studio handelt, müssen die Männer außer Acht gelassen werden. Insgesamt leben in Freiburg 120.412 Einwohnerinnen dieses entspricht 53,3 % der Gesamteinwohnerzahl.

Somit ergibt sich (mit Abweichungen, da es in den verschiedenen Stadtteilen varieren kann):

Marktgebiet 1: 32708 Einwohnerinnen

Marktgebiet 2: 32553 Einwohnerinnen

Berechnung des Marktpotenzials

=Marktgebiet 1 zu 100% + Marktgebiet 2 zu 70%

=32708 + 22787

=55495 *0,12 (12% kalkuliertes Marktpotenzial)

=**6659 Einwohnerinnen**

1.5 Wettbewerbsanalyse

Tabelle 5: Produktpolitik und Positionierung der Mitbewerber (eigene Darstellung)

Sportprinz Fitnessclub Freiburg	Fitness-Loft Freiburg West

- Fitnesskurse - Krafttraining - Zirkeltraining - Power Plate - Sauna - Solarium -Mineralgetränke - kostenloses WLAN	- Fitnesskurse - Krafttraining - Zirkeltraining - Functional-Training - Cardio-Workout - Sauna - Solarium - Mineralgetränke
Positionierung: Spricht vor allem das studentische Klientel an, da es sich in unmittelbarer Nähe der Universität befindet.	**Positionierung:** Im Fitness-Loft findest man erstklassige Geräte für das Workout, ein umfrangreiches Kursprogramm und Entspannung im Wellness-Bereich.

Tabelle 6: Stärken und Schwächen der Mitbewerber (eigene Darstellung)

	Stärken	Schwächen
Sportprinz Fitnessclub Freiburg	- regelmäßige Trainingskontrolle - hochwertige Trainingsgeräte	- Geringe Kursauswahl, vorallem am Vormittag - Sauna hat nicht durchgegend geöffnet
Fitness-Loft Freiburg West	- Breites Angebotsspektrum an Cardiogeräten - Functional Bereich für die Verbesserung in der Koordination, Schnellkraft, Maximalkraft, Kraftausdauer und Flexibilität.	- Internetseite nicht sehr übersichtlich -Großes Angebot dadurch keine klar definierte Zielgruppe

Vergleich: Beim Vergleich der Produktpolitik ist auffallend, dass beide Mitbewerber im Gegensatz zum eigenem Unternehmen keine Kinderbetreuung und auch keine extra Kurse für Mütter anbieten. Im Sportprinz Fitnessclub ist das Kursangebot sehr gering, vor allem am Vormittag finden nur sehr wenig Kurse statt. Dieses ist im eigenem Unternehmen anders, gerade am Vormittag finden vor allem für die Mütter, deren Kinder zu dieser Zeit den Kindergarten oder die Schule besuchen, eine Vielzahl an Kursen statt. Alternativ können die Mütter ihre Kinder auch in die Kinderbetreuung des Studios geben.

Bei Neuanmeldung im eigenen Studio, gehört ein individueller Trainingsplan, mit Anamnesebogen und Geräteeinweisung immer dazu, es sei denn, die Kundinnen wünschen dieses explizit nicht. Im Fitness-Loft bekommen die Kunden dieses nur wenn sie selbst auf den Trainer zu gehen.

Grundsätzlich vermitteln die beiden Studios auf ihren Internetseiten den Eindruck, dass überwiegend die junge Klientel (studentisches Milieu in der Universitätsstadt Freiburg) anspricht.

2 Marketingplanung

2.1 Budgetplanung

Das Jahresmarketingbudget wird anhand der Methode „Marketingkosten pro Neukunde" berechnet.

Erfahrungsgemäße Marketingkosten:	50€/Neukunde
Geplante Mitgliederzahl nach dem ersten Geschäftsjahr:	400 Mitglieder

Berechung Jahresmarketingbudget: 400 Mitglieder x 50€ = **20.000€**

2.2 Kommunikationspolitik

2.2.1 Kommunikationsinstrumente

Als Kommunikationsinstrumente für die Vermarktungskampagne, wurden die Werbung und Verkaufsförderung sowie das Direktmarketing gewählt.

Durch das Direktmarketing bekommt man meist eine hohe Aufmerksamkeit, da die ausgewählte Zielgruppe direkt angesprochen wird. Es kann individuell auf persönliche Fragen oder Unklarheiten eingegangen und isolierte Werbebotschaften können kommuniziert werden. Die Kundinnen können daher sofort auf das Angebot antworten und man erhält eine genaue Erfolgskontrolle. Zudem ist der Kostenaufwand durch die Eingrenzung der Zielgruppe sehr gering (Bristot, 2005, S21 ff.).

Da die Verkaufsförderung meist zeitlich eingegrenzt ist, kann man dieses Instrument für eine Neueröffnung sehr gut nutzen. Zu der verbrauchergerichteten Verkäufsförderung zählen zum Beispiel Rabatte, Gutscheine und Gewinnspiele, diese Aktionen sind für die Kundengewinnung und auch Bindung von positiver Bedeutung (Weis, 2009, S.515).

2.2.2 Vermarktungskampagne

Tabelle 7: Beschreibung und Planung der Aktion (eigene Darstellung)

Aktionsnummer:	1
Aktionstitel:	Gewinnung von 150 Neukunden
Aktionszeitraum:	2 Monate vor Unternehmenseröffnung
Verantwortlicher:	Marketingleiter und Geschäftsführer

Ausführliche Aktionenbeschreibung:

Zur Eröffnung, des Damenfitnessstudios, soll es eine einmalige Rabattaktion zur Ge-
winnung potentieller Neukundinnen geben. Die ersten 75 Anmeldungen haben die Möglichkeit die Aufnahme- und Servicegebühr zu sparen, die folgenden Neukundinnen sparen 50% der Aufnahme- und Servicegebühr. Melden sich zwei Freudinnen zusammenn
an, sparen sie nochmal 10€ auf das Zweijahresabo oder 5€ auf das Einjahresabo in den
ersten drei Monaten ihrer Mitgliedschaft. Zusätzlich haben sie die Möglichkeit an einem
Gewinnspiel teilzunehmen. Als Gewinn wird ein weiterer Gratis-Monat ausgelobt. Kundinnen die sich am Tag der Eröffnung anmelden, können zudem über ein Würfelgewinn-
spiel einen 30€ Verzehrgutschein, eine Personaltrainerstunde, eine Ernährungsberatung,
5x Solarium, 5x ein Getränk am Tresen oder einen Gratismonat Training mit einer
Freundin gewinnen.

Die Anmeldung vor der Eröffnung erfolgt über den QR-Code online, der auf allen Flyern
und Plakate zu finden ist. Alternativ kann sie auch an den Promoständen erfolgen. Die
Flyer werden in den umliegenden Kindergarten, Friseursalons und ausgewählten Ein-
kaufsgeschäften ausgelegt. Die Plakate werden im Einzugsgebiet an Litfaßsäulen plaka-
tiert.

Bei der Anmeldung über den QR-Code wird über gezielte Befragungen erkundet, wie
die Kundinnen auf das Studio aufmerksam geworden sind. Beim persönlichen Mit-
gliedsabschluss wird dieses ebenfalls notiert. Für die Auswertung werden die online und
persönlich abgeschlossenen Anmeldungen addiert. Es erfolgt ein Abgleich mit den ge-
planten Anmeldungen.

Da-tum	Planung	wer?	bis wann?	erl.	Stück	Preis in €	Plan-Ko	Ist-Ko
01.10.19	Entwurf und Planung der Plakate und Flyer	Geschäftsfüh-rung	18.10.19					
18.10.19	Einholen der Angebote	Geschäftsfüh-rung	23.10.19					
18.10.19	Gestaltung und Entwicklung der Onlineseite und dem QR-Code	Marketingab-teilung	08.11.19		1	53,55 (drucks tu-dio.de, 2019)		
23.10.19	Bestellung der Flyer	Geschäftsfüh-rung	23.10.19		2500	82,51 (Fly-eralarm, 2019)		

23.10.19	Bestellung der Plakate	Geschäftsführung	23.10.19		18	551,77 (crossvertise, 2019)		
28.10.19	Zusammenstellung Promoteam	Geschäftsführung	01.11.19					
01.11.19	Besprechung Promotion	Geschäftsführung, Mitarbeiter	01.11.19			72		
15.11.19	Montage der Plakte	Beauftrage Firma	15.11.19			1405,40 (crossvertise, 2019)		
15.11.19	Freischaltung der Onlineseite	Marketingabteilung	15.11.19			200		
15.11.19	Verteilen der Flyer in der Umgebung (Friseur, Bäckerei, Post etc.)	Promoteam	15.11.19			24		
16.11.19	Promotion mit Flyer	Promoteam	16.11.19			180		
30.11.19	Promotion mit Flyer	Promoteam	30.11.19			180		
11.01.19	Promotion mit Flyer	Promoteam	11.01.19			180		
06.01.20	Besprechung für die Eröffnungsfeier (Aufgabenverteilung, Ablauf)	Geschäftsführer, gesamtes Team	06.01.20			72		
07.01.20	Einkauf Lebensmittel für das Event (Snaks, Sekt, etc.)	Beauftrage Mitarbeiter	14.01.20			362		
14.01.20	Vorbereitung für die Eröffnung	Geschäftsführer, gesamtes Team	14.01.20			72		
15.01.20	Eröffnungsfeier	Geschäftsführer, gesamtes Team	15.01.20			360		

2.3 Werbeplanung

Tabelle 8: Werbeplanung (eigene Darstellung)

Werbemittel	Werbeträger	Begründung
Plakate	Plakatwand	Die Plakate sollen im Einzugsgebiet an Litfaßsäulen plaziert werden. Potenzielle Neukundinnen werden somit täglich auf die Angebote aufmerksam und erinnert.
Flyer	Private Verteiler	Das Verteilen der Flyer hat den Vorteil das die potenzielle Zielgruppe direkt zu erreichen sein wird. Das ausgebildetet Personal steht bei Fragen sofort zur Verfügung. Ein weiterer Pluspunkt ist die kostengünstige, schnelle und leichte Herstellung.
Quick Response (QR- Code)	Webseite/ Internet	Ein QR-Code bietet den Vorteil das vorallem die jüngere Generation angesprochen wird. Er ist auf allen Flyer und Plakaten zu finden, somit können die potenziellen Kundinnen diesen schnell anwenden und gelangen direkt ohne lange suchen zu müssen auf die Internetseite des Studios.

2.4 Kostenkalkulation / Budgetvergleich bei der Werbeplanung

2.4.1 Kostenkalkulation

Tabelle 9: Kostenkalkulation (eigene Darstellung)

Planung	Preis in €
Flyer	82,51
Plakat (incl. Montage und Säulenmiete)	1957,17
QR-Code	53,55
Lebensmittel	350
Personalkosten	1352
Kostensumme:	**3795,23**

2.4.2 Budgetvergleich

Wie in Punkt 2.1 ausgerechnet, steht ein Jahresmarketingbudget von 20.000,00€ zur Verfügung, 20 % davon sollen für die Werbemaßnahmen genutzt werden. Darauß ergibt sich ein Budget von 4.000,00€. Somit liegt die Werbeplanung im Budget, es wären sogar noch 204,77 € übrig.

Trotzdem gibt es Optimierungsmöglichkeiten. Um besonders die ältere Generation besser erreichen können, könnten Anzeigen in der Tageszeitung geschaltet werden. Diese wird von der älteren Generation häufig sehr genau gelesen und weckt somit deren Aufmerksamkeit.

Desweitern sind die Kosten für die Plakatwerbung an den Litfaßsäulen relativ hoch. Ein Einsparpotenzial ist den Zeitraum der Plakatwerbung zeitlich und räumlich zu begrenzen.

2.5 Synergieeffekte im Rahmen der Kommunikationspolitik

Die Unternehmensgruppe betreibt neben dem hier vorgestellten Damenfitness-Studio ein Fitness-Studio im Premiumsegment, ein Fitness-Studio im Discount-Segment und ein EMS-Studio. Die einzelnen Unternehmenstypen sprechen daher unterschiedliche Zielgruppen an. Somit sind Synergieeffekte im Rahmen der Kommunikationspolitik nur schwer zu realisieren, da für jeden Unternehmenstyp individuelle Werbemaßnahmen erforderlich sind. Die Unternehmensgruppe kann zum Beispiel durch ein Event am Weltgesundheitstag die Aufmerksamkeit der Freiburger Einwohner auf sich lenken und somit die unterschiedlichen Unternehmenstypen individuell vorzustellen, ein positives Image zu gewinnen und dabei die Kosten für die Werbemittelherstellung zu reduzieren. Außerdem können die Kosten für den gemeinsamen Druck und die Verteilung der Flyer und Plakate gesenkt werden, da der Personaleinsatz hierfür geringer ausfällt.

In der Unternehmensgruppe stehen die vier Unternehemstypen sich nicht als richtige Konkurrenten gegenüber. Die Produktpolitik des EMS-Studios unterscheidet sich von allen drei Studios. Außerdem werden Kunden die sich für ein Fitness-Studio im Discount-Segment entschieden haben, nicht von dem Fitnessstudio im Premiumsegment abgeworben werden können. Sie haben sich bewusst für ein kostengünstigeres Studio entschieden und legen somit keinen großen Wert auf gute Betreuung oder Ausstattung. Die Kundinnen die im Damen-Studio trainieren könnten interesant für das Premiumstudio sein oder anderesrum. Wiederum haben sich auch hier die Kundinnen explizit für diesen Unternehmenstyp entschieden, da sie wahrscheinlich isoliert vom männlichen Publikum trainieren wollen.

3   Abschlusstatement

Für die Unternehmensgruppe stellt die Stadt Freiburg einen ansprechenden Standort für ihre Studios dar. Die Arbeitslosenquote liegt in Freiburg nur 0,1% über dem Bundesdurchschnitt und die Bevölkerung wächst stetig. Weiterhin ist das öffentliche Verkehrsnetz gut aufgestellt und somit sind die Kunden keinesfalls auf ihren PKW angewiesen. Freiburg ist eine Groß- und Universitätsstadt und durch die vielen jungen Leute ist der Fitnessmarkt sehr gut aufgestellt. Dies bedeutet, dass die Unternehmensgruppe ein einheitliches und ansprechendes Marketingprogramm aufstellen sollte, um überzeugend aufzutreten und auf diesem Weg zahlreiche neue Kunden zu gewinnen. Auch die Produktpolitik sollte anprechend aufgestellt und sich von den Mitbewerbern abgrenzen/abheben damit die potenziellen Kunden aufmerksam werden.

Durch die Analysen komme ich zu dem Entschluss dass, die besten Erfolgswahrscheinlichkeiten das Damenfitness-Studio und das Fitness-Studio im Premiumsegment haben. Bei beide Unternehmenstypen geht aus der Wettbewerbsanalyse hervor, das die umliegenden Mitbewerber mit dem eigenen Angebot ausgeglichen werden können. Momentan gibt es in Freiburg nur zwei weitere reine Damenfitness-Studios. Diese liegen in weiter entfernten Stadtteilen, dies ist ein erheblicher Vorteil für die Unternehmensgruppe. Das Fitness-Studio im Premiumsegment hat in näherer Umgebung neben einem Kieser-Training nur Discountanbieter.

Ich würde alle vier Studios der Unternehmensgruppe an den gewählten Standorten eröffnen. Das Fitness-Studio im Discount-Segment liegt sehr zentral in der Fußgängerzone. Da dieser Unternehmenstyp die jüngere Generation ansprechen und erreichen möchte, ist dieser Standort optimal. Die Straßenbahnhaltestelle liegt nur zwei Geh-Minuten entfernt und auch der Hauptbahnhof liegt in unmittelbarer Nähe.

Auch der Standort für das Fitness-Studio im Premiumsegment liegt sehr zentral und hat eine gute Anbindung mit den öffentlichen Verkehrsmitteln aber auch die Kunden die mit dem PKW kommen können im Parkhaus kostenlos parken. Der Standort liegt zwei Fahr-Minuten von der Bundesstraße 3 entfernt, somit können die Kunden direkt nach der Arbeit zum Training kommen.

Die Standorte des Damenfitness-Studio und auch des EMS-Studios liegen in den umliegend Stadtteilen Freiburgs. Das Damenfitness-Studio hat wie schon oben erwähnt in unmittelbarer Nähe keine Mitbewerber. Zudem liegt es an der Hauptverkehrsstraße im Stadtteil Betzenhausen und in den drauffolgenden Stadtteilen gibt es keine Möglichkeit in einem Fitnessstudio Sport zubetreiben. Auch das EMS-Studio liegt im Stadtteil Brühl an der Hauptverkehrsstraße und hat in den anliegenden Stadtteilen keine Konkurrenz. Durch die Standortwahl an den Hauptverkehrsstraßen kommen auch hier die Kunden auf ihren täglichen Arbeitswegen an den Studios vorbei und können dieses somit verbinden.

4 Literaturverzeichnis

Bristot, R. (2005). Was ist Direktmarketing? In P. Schotthöfer (Hrsg.), Rechtspraxis im Direktmarketing. Grundlagen – Fallstricke – Beispiele. Wiesbaden: Gabler. Zugriff am 12.02.2018.

Bundesagentur für Arbeit (2019). Zugriff am 20. Oktober 2019. Verfügbar unter https://statistik.arbeitsagentur.de/Navigation/Statistik/Statistik-nach-Regionen/Politische-Gebietsstruktur-Nav.html

Crossvertise (2019). Zugriff am 26. Oktober 2019. Verfügbar unter https://www.crossvertise.com/plakatwerbung

Druckstudio.de (2019). Zugriff am 26. Oktober 2019. Verfügbar unter https://www.druckstudio.de/service/qr-code-erstellung/

Flyeralarm (2019). Zugriff am 26. Oktober 2019. Verfügbar unter https://www.flyeralarm.com/de?gclid=EAIaIQob-ChMIsqm9wr3E5QIVC8DeCh2rJQZfEAAYASAAEgJ-nfD_BwE&gclsrc=aw.ds

Freiburg im Breisgau (2019). *Bevölkerungsstruktur*. Zugriff am 28. Oktober 2019. Verfügbar unter https://www.freiburg.de/pb/207904.html

Freiburg im Breisgau (2017). *Wohnbevölkerung nach Stadtbezirken*. Zugriff am 28. Oktober 2019. Verfügbar unter https://www.freiburg.de/pb/1344916.html

MB-Research. *Internationale Marktdaten. Kaufkraft 2019 in Deutschland*. Zugriff am 20. Oktober 2019. Verfügbar unter https://mb-research.de/_download/MBR-Kaufkraft-Kreise.pdf

Openroute Service (2019). Openrouteservice Maps. Zugriff am 19. Oktober 2019. Verfügbar unter https://maps.openrouteservice.org/reach

Weis, H.C. (2009).Marketing (15., verbesserte und aktualisierte Aufl.). Ludwigshafen (Rhein): Kiehl.

5 Abbildungs- und Tabellenverzeichnis

5.1 Abbildungsverzeichnis

5.2 Tabellenverzeichnis